HALLO ANNA Vorkurs

Jacek Betleja
Olga Swerlowa

Deutsch für Kinder
Lehrbuch

Wydawnictwo LektorKlett Sp. z o.o.
ul. Polska 114
60-401 Poznań
tel. 61 62 69 090
faks 61 84 96 212
doradcy@klett.pl
www.klett.pl

© Wydawnictwo LektorKlett, Poznań 2019
ISBN: 978-3-12-600071-0

Konzeption des Kurses: Olga Swerlowa
Autoren: Jacek Betleja, Olga Swerlowa
Redaktion: Kornelia Kucharska, Maciej Nietrzebka
Illustrationen: Paweł Miedziński (S. 4–17), Krzysztof Kałucki Art of Colours (S. 18–80, 82–88, 90–91: basierend auf Illustrationen zu *Hallo Anna 1* und *Hallo Anna Vorkurs* von Paweł Miedziński)
Umschlaggestaltung und Layout: H7 Sp. z o.o.
Satz: studio**KO** Jerzy Nawrot

Fotos: © Umschlagfoto: shutterstock/Phase4Studios
iStock.com/Liudmila_Fadzeyeva (17.1); iStock.com/Irina_Geo (17.2); iStock.com/Martinan (17.3); iStock.com/UroshPetrovic (17.4); iStock.com/alekleks (17.5); iStock.com/koya79 (17.6); iStock.com/Berezko (17.7); iStock.com/Wojtek_Urbanek (17.8); iStock.com/redstallion (17.9); iStock.com/zokov (17.10); iStock.com/AnSyvanych (49.1); iStock.com/aydinmutlu (49.2); iStock.com/AmeliaFox (49.3); iStock.com/Uretski (49.4); iStock.com/SerrNovik (49.5); iStock.com/romrodinka(49.6);iStock.com/BenGingell(65.1);iStock.com/NataliaBodrova(65.2);iStock.com/RolandMagnusson(65.3);iStock.com/Straitel(65.4); iStock.com/koya79 (65.5); iStock.com/Toshe_O (65.6); iStock.com/zentilia (65.7); iStock.com/papparaffie (73.1); iStock.com/romrodinka (73.2); iStock.com/marlenka (73.3); iStock.com/RobsonPL (73.4); iStock.com/Bet_Noire (73.5); iStock.com/kummeleon (73.6); iStock.com/Keikona (73.7); iStock.com/gonzalomartinez(81.1);iStock.com/Eskemar(81.2);iStock.com/omersukrugoksu(81.3);iStock.com/koya79(81.4);iStock.com/WolffgangPhoto(81.5); iStock.com/Taitai6769 (81.6); iStock.com/Freerick_k (81.7); iStock.com/NattyPTG (81.8); iStock.com/ro:del16 (81.9, 81.10); iStock.com/nafhan (81.11); iStock.com/AndreasHäuslbetz(81.12);iStock.com/s1llu(81.13);iStock.com/axeiz77(81.14);iStock.com/Noppharat05081977(81.15);iStock.com/LeManna(81.16); iStock.com/Almaje (89.1); iStock.com/locke_rd (89.2); iStock.com/LightFieldStudios (89.3); iStock.com/flik47 (89.4); iStock.com/Devenorr (89.5); iStock.com/spaggia (89.6); iStock.com/inga (89.7); iStock.com/Manuel Faba Ortega (89.8); iStock.com/Max_grpo (89.9); iStock.com/svarshik (89.10); iStock.com/Marina Denisenko (89.11); iStock.com/Yuricazac (89.12); iStock.com/Deagreez (89.13);, iStock.com/valio84sl (89.14);, iStock.com/User2547783c_812 (89.15)

Tonaufnahmen: Studio MM, Poznań; Start International Poland Sp. z o.o., Warszawa
Musikalische Vorbereitung der Kinder: Marcin Lemiszewski
Sprecher: Alva Switakowski, Julia Flath, Julia Merzbach, Marian Stach, Gabriel Turek, Philipp Wandel, Lyra Ziburske, Nicole Krohn-Nadarzyński, Maximilian Weiß, Marlena Weiß, Marc Tobias Winterhagen
Texte der Lieder: Aleksandra Kubicka
Komposition und Arrangement der Lieder: Grzegorz Kopala

Wir danken Herrn Marcin Lemiszewski, den Schülerinnen und Schülern der Musikakademie der WBS Warschau sowie ihren Eltern für die tatkräftige Unterstützung bei den Tonaufnahmen.

Hallo!

Hör zu und sprich.

Hör zu und sprich.

Guten Tag!

Echo-Spiel

Spiel mit.

Spiel mit.

Hallo! Guten Tag!

Wer bin ich?

Hör zu und zeige.

Hallo!

1 • 5–7

Hallo, Anna! Hallo, Luka! Hallo! Guten Tag!
Hallo, Anna! Hallo, Luka! Hallo! Guten Tag!

Ref.
Hallo! Hallo! Guten Tag!
Hallo, Anna! Guten Tag!
Hallo! Hallo! Guten Tag!
Hallo, Luka! Guten Tag!

Tschüss!

1 • 8–10

Meine Anna, ich muss los
und ich sage: „Tschüss! Tschüss! Tschüss!"
und mein Luka, ich muss los
und ich sage: „Tschüss! Tschüss! Tschüss!"

Ref.
Tschüss! Tschüss! Tschüss! Auf Wiedersehen!
Tschüss! Tschüss! Tschüss! Auf Wiedersehen!
Tschüss! Tschüss! Tschüss! Auf Wiedersehen!
Tschüss! Tschüss! Tschüss! Auf Wiedersehen!

1•11

Hör zu und zeige. Sprich.

Hör zu und zeige. Sprich.

Wer bist du?

Wer ist das?

Meine und deine Familie

Wo ist deine Mama?

14 Hör zu und zeige. Sprich.

Meine Familie ist lieb

Ooo, ich liebe meine Mama,
Meine Mama, meine Mama.
Und ich liebe meinen Papa,
Meinen Papa, meinen Papa.

Ref.
Meine Mama und mein Papa,
Sie sind so sehr lieb!
Meine Mama und mein Papa,
Sie spielen so gern mit.

Ooo, ich liebe meine Oma,
Meine Oma, meine Oma.
Und ich liebe meinen Opa,
Meinen Opa, meinen Opa.

Ref.
Meine Oma und mein Opa,
Sie sind so sehr lieb!
Meine Oma und mein Opa,
Sie spielen so gern mit.

Ooo, ich liebe meine Schwester,
Meine Schwester, meine Schwester.
Und ich liebe meinen Bruder,
Meinen Bruder, meinen Bruder.

Ref.
Meine Schwester und mein Bruder,
Sie sind so sehr lieb!
Meine Schwester und mein Bruder,
Sie spielen so gern mit.

1·19

Hör zu und zeige. Sprich.

Hör zu und zeige. Sprich.

1•20

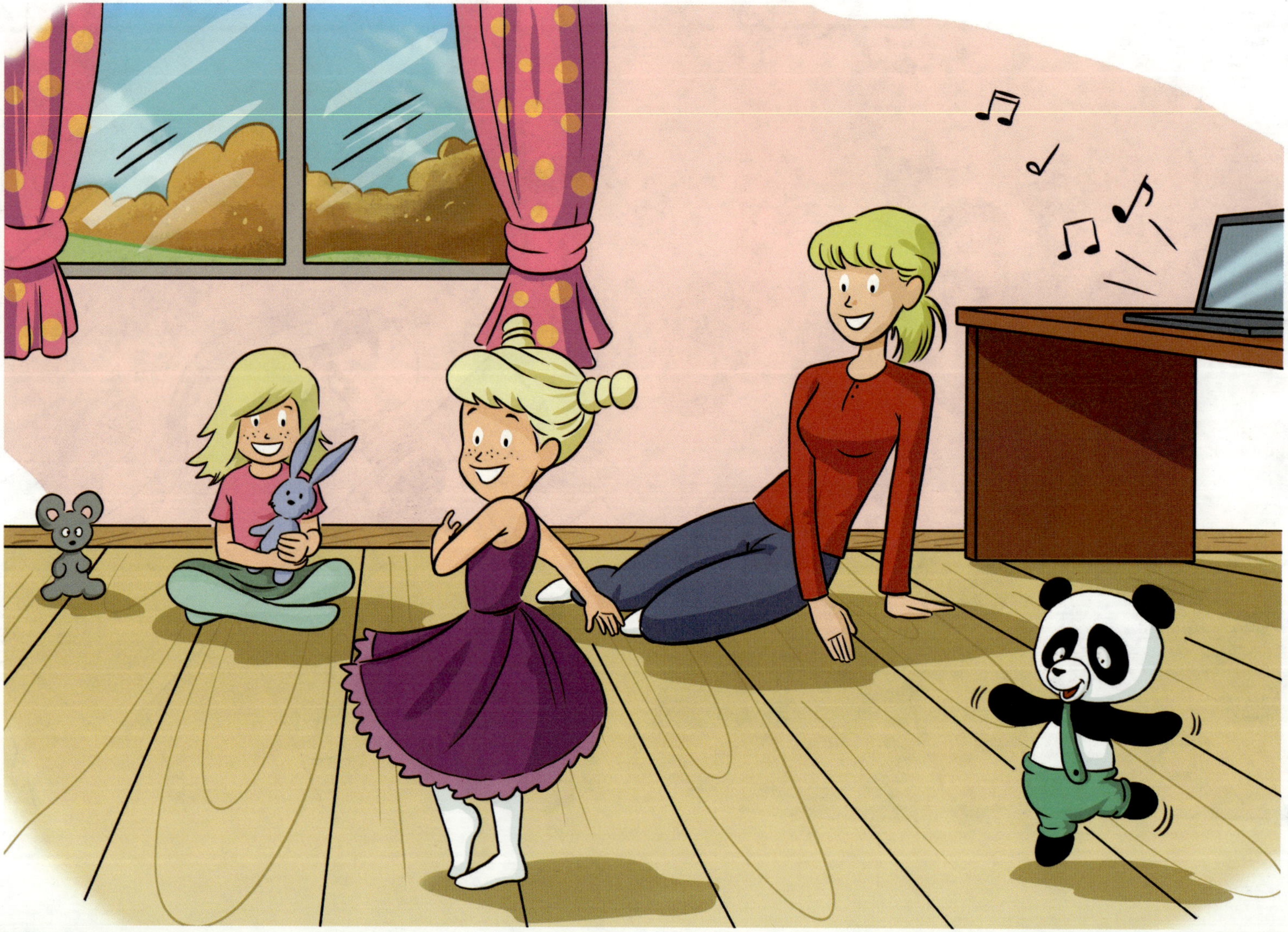

Hör zu und zeige. Sprich.

1·21

Hallo, Kopf!

Kitzelspiel

Spiel mit.

Spiel mit.

Puste, puste!

Wo sind deine Füße?

Hör zu und zeige. Sprich.

Meine Körperteile

Das ist mein Kopf,
Das ist mein Auge,
Das ist mein Ohr,
Das ist meine Nase.

Ref.
Oje! Oje! Mein Kopf tut weh.
Oje! Oje! Mein Auge tut weh.
Oje! Oje! Mein Ohr tut weh.
Und meine Nase? Sie ist okay.

Das ist meine Hand,
Das ist mein Arm,
Das ist mein Fuß,
Das ist mein Bein.

Ref.
Oje! Oje! Mein Kopf tut weh.
Oje! Oje! Mein Auge tut weh.
Oje! Oje! Mein Ohr tut weh.
Und meine Hand? Sie ist okay.

Hör zu und sing mit.

Hör zu und zeige. Sprich.

Hör zu und zeige. Sprich.

1·29

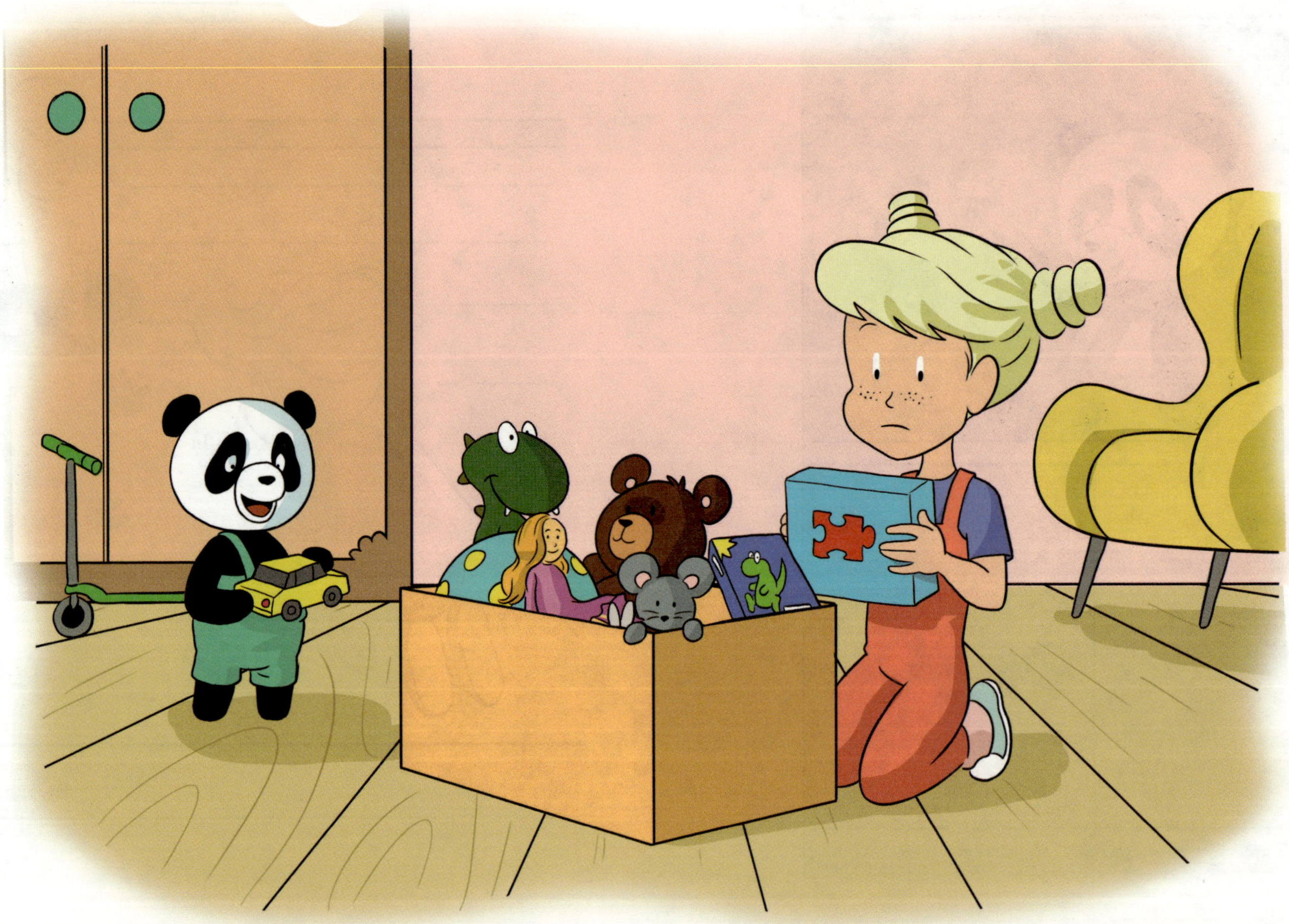

Hör zu und zeige. Sprich.

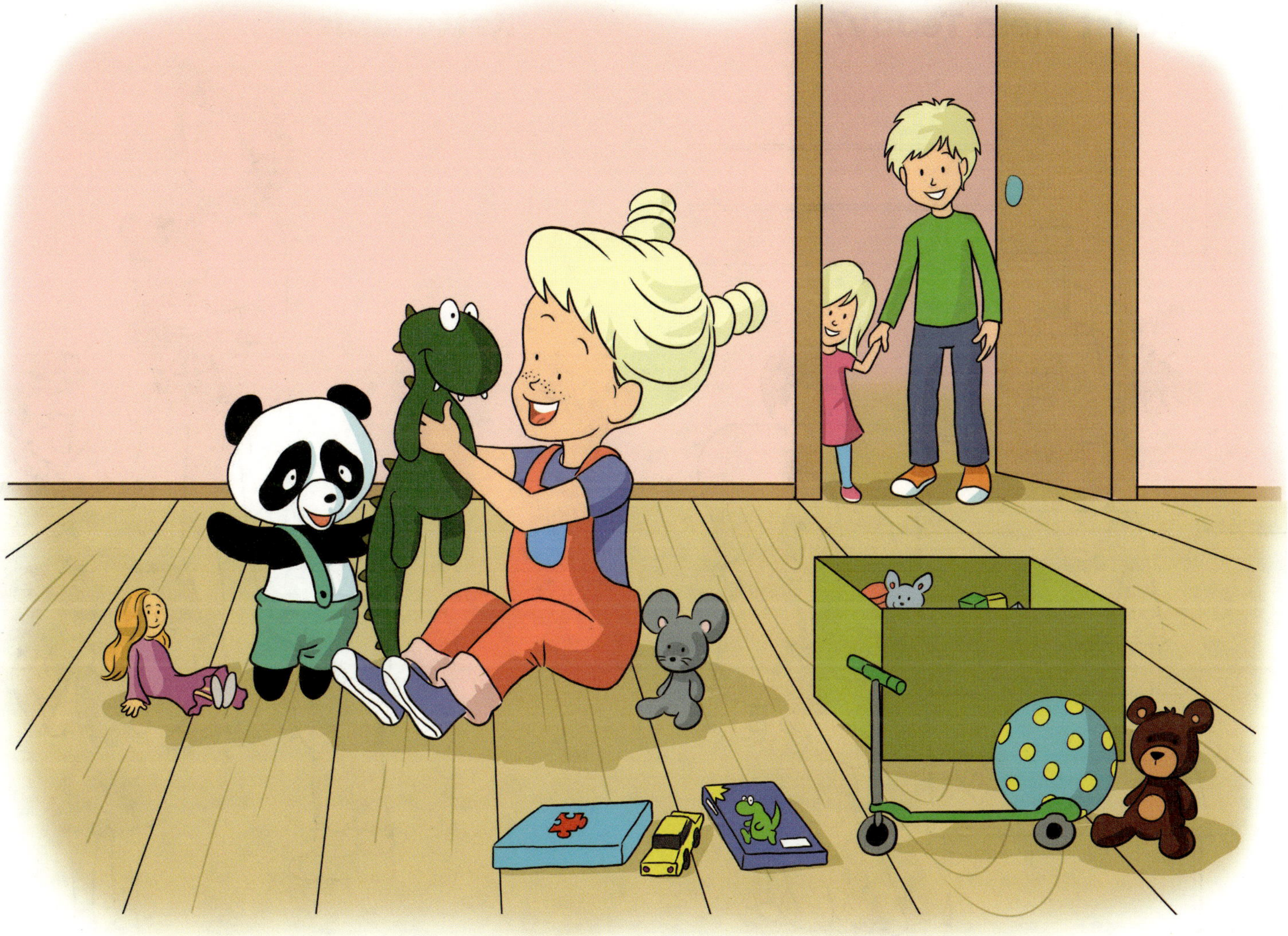

Hör zu und zeige. Sprich.

27

Wo ist mein Teddy?

Kettenspiel

Tastkiste

Bingo!

Hör zu und zeige. Sprich.

Meine Spielsachen

Wenn ich einmal traurig bin,
Wenn ich mal allein auch bin,
Singe ich mein Lieblingslied
Und Spielsachen singen mit.

Ref.
Meine Puppe, sie ist toll.
Und mein Ball, er ist rot.
Und mein Teddy, er ist blau.
Meine Maus, sie ist schlau.

Meine Füße tanzen gern
Und ich freue mich so sehr,
Denn ich sing' mein Lieblingslied
Und Spielsachen singen mit.

1·36

1·37

32

Hör zu und zeige. Sprich.

Hör zu und zeige. Sprich.

 1•38

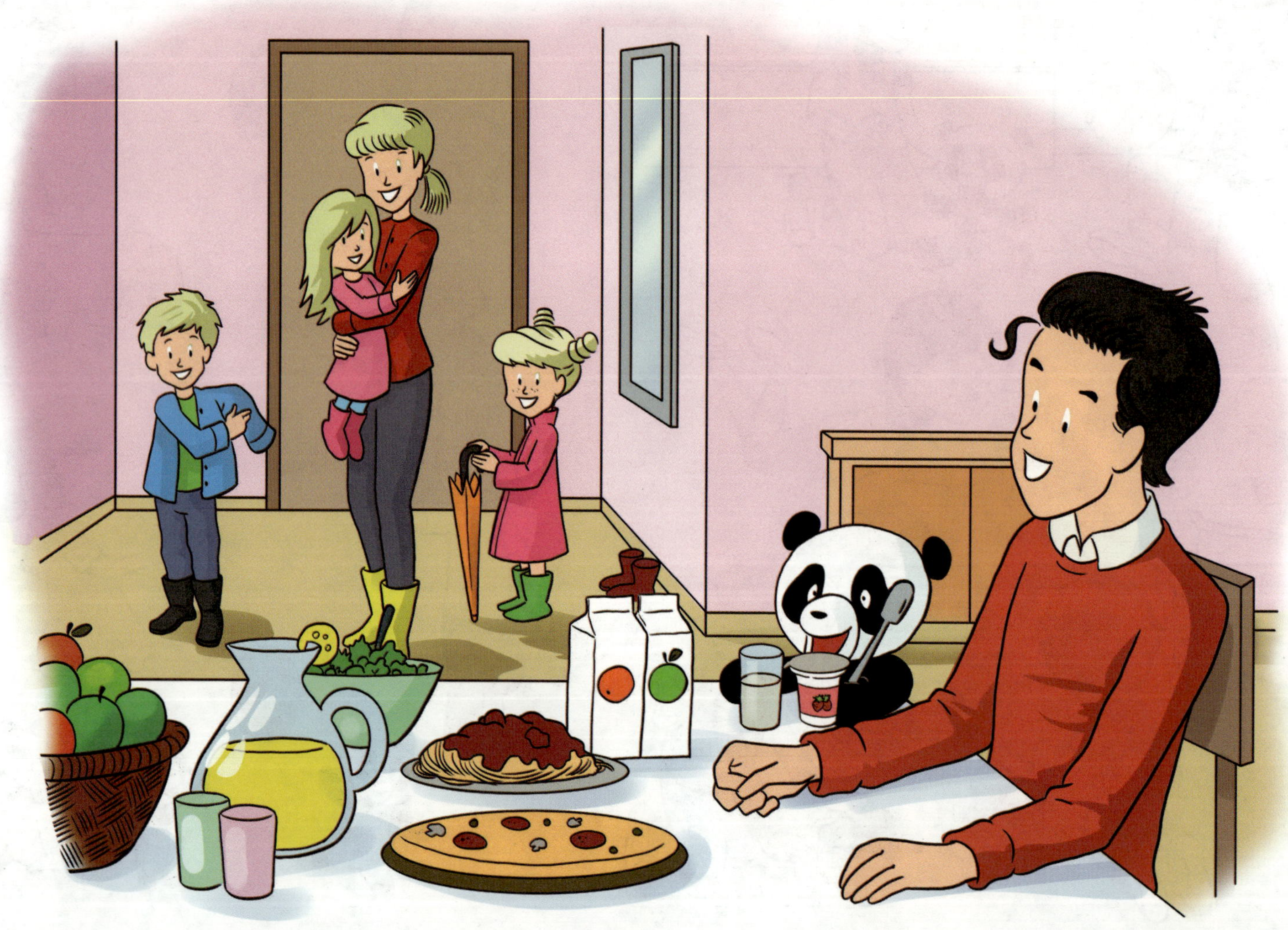

Hör zu und zeige. Sprich.

 1·39

Hör zu und zeige. Sprich.

Fingerspiel

Kinderparty

Spiel mit.

Spiel mit.

Essen-und-Trinken-Memory

Brettspiel

Spiel mit.

Spiel mit.

1·41

Hör zu und zeige. Sprich.

Ich bin groß

Ich esse eine Tomate.
Ich esse grünen Salat.
Ich esse eine Banane.
Dann bin ich groß und satt.

Ref.
Eins, zwei, drei, eins, zwei, drei,
Ich bin groß und du bist klein.
Eins, zwei, drei, eins, zwei, drei,
Ich bin groß und du bist klein.

Ich esse eine Karotte.
Ich esse Gurkensalat.
Ich esse eine Kartoffel.
Dann bin ich groß und satt.

39

Hör zu und sing mit.

1•45

1•46

40

Hör zu und zeige. Sprich.

Hör zu und zeige. Sprich.

Finde, zeige und sprich.

Finde, zeige und sprich.

41

Meine Hose

 1•47

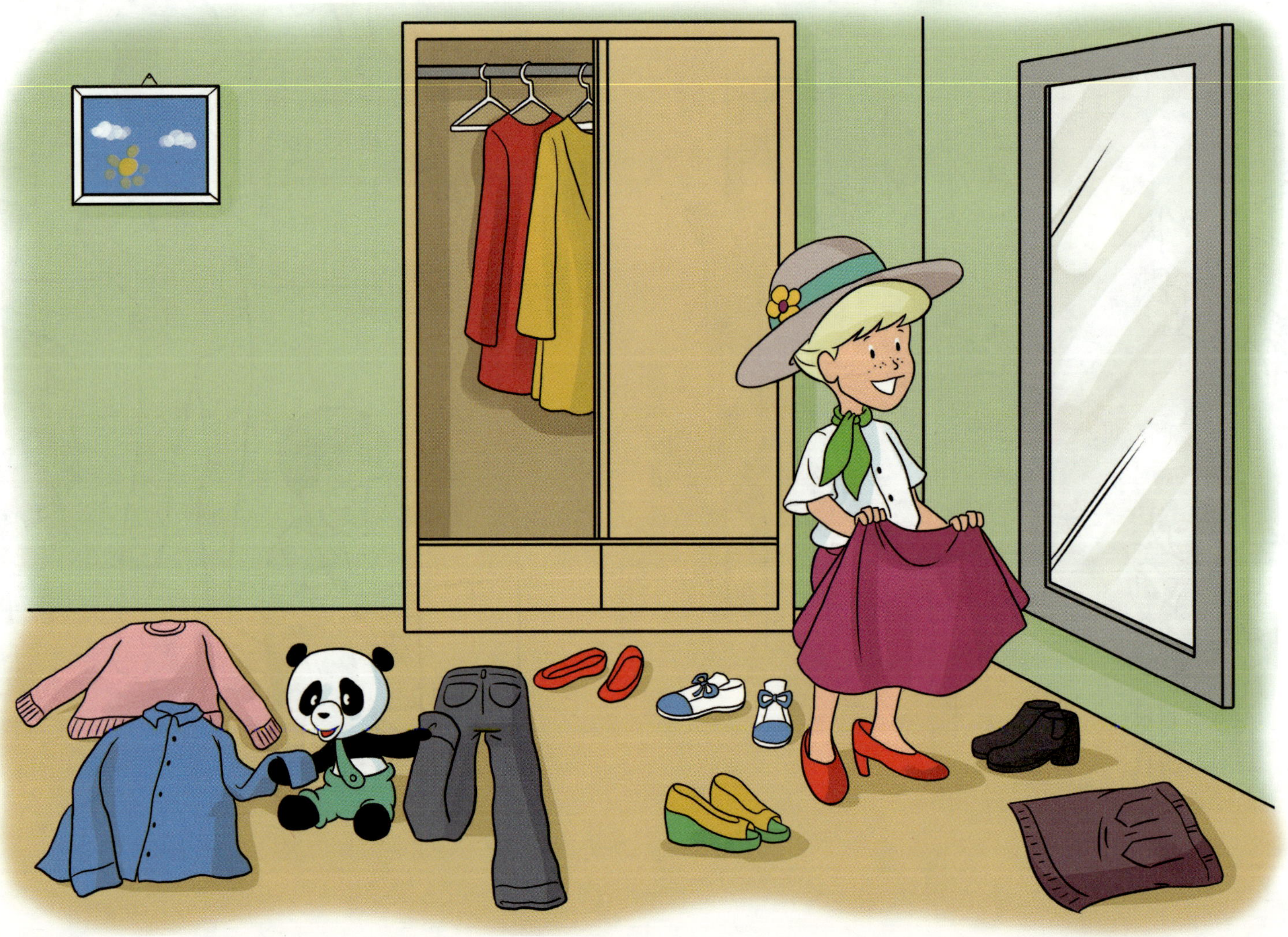

Hör zu und zeige. Sprich.

Angelspiel

Fliegenklatsche

Spiel mit.

Spiel mit.

Koffer packen

Kleiderschrank

Hör zu und zeige. Sprich.

Bunte Kleider

Meine Kleider sind so rot,
Eine Hose und ein Rock.
Meine Kleider sind so blau,
eine Bluse und ein Schal.

Ref.
Bunte Kleider lalala,
Eine Hose und ein Schal.
Bunte Kleider lalala,
Eine Jacke und ein Kleid.

Meine Kleider sind so grün,
Eine Jacke und ein Hemd.
Meine Kleider sind so weiß,
Eine Mütze und ein Kleid.

Hör zu und zeige. Sprich.

Hör zu und zeige. Sprich.

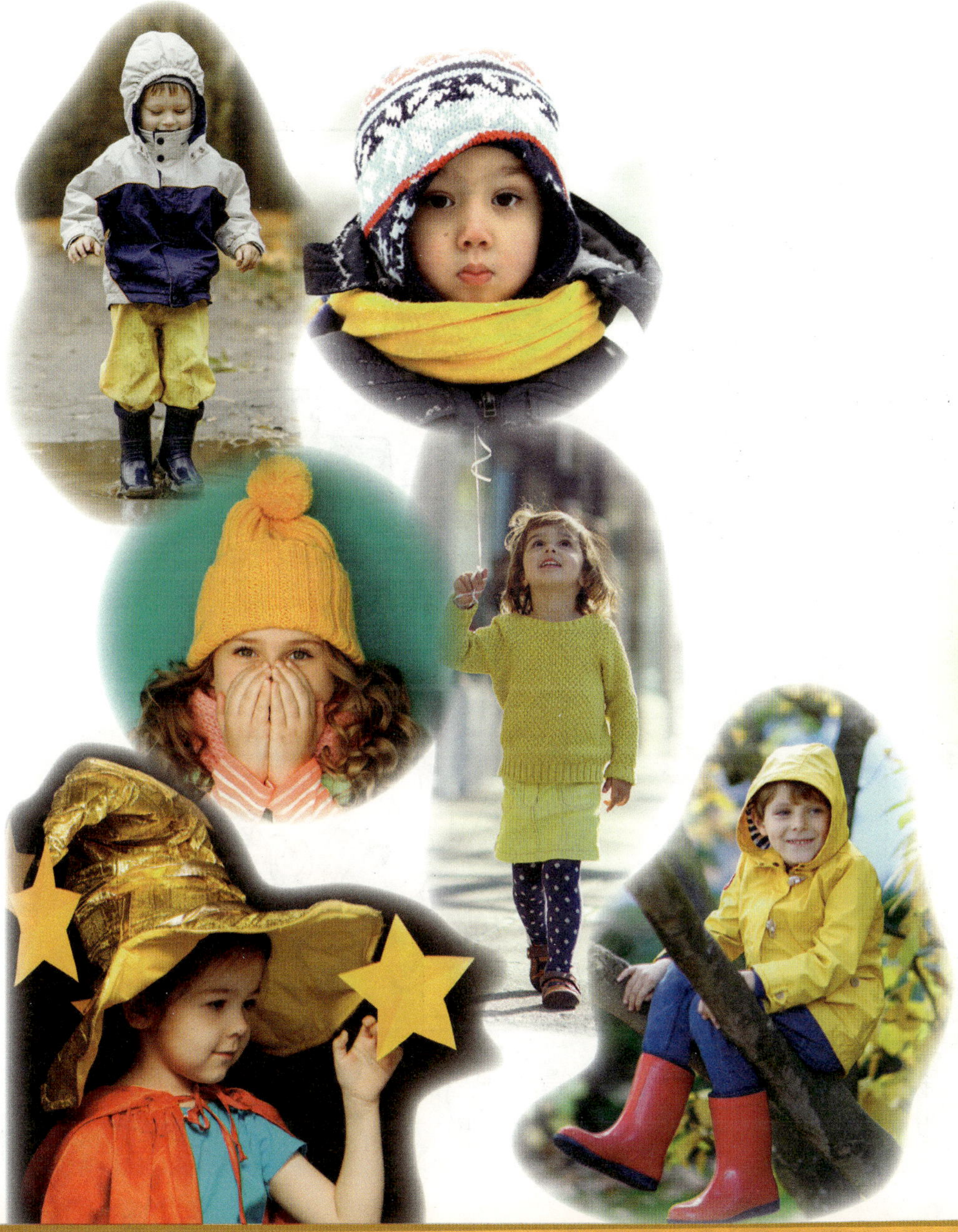

Fünf Füße ...

Finde, zeige und sprich.

Spiel mit.

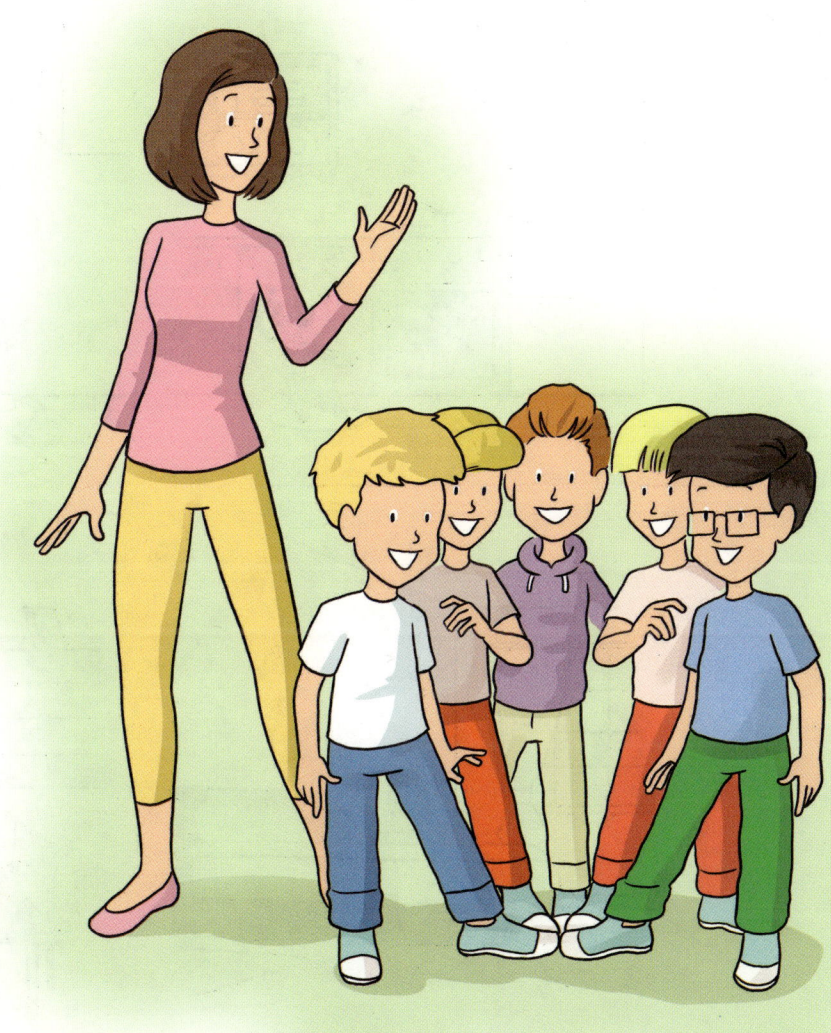

6

Mein Haus

2•1

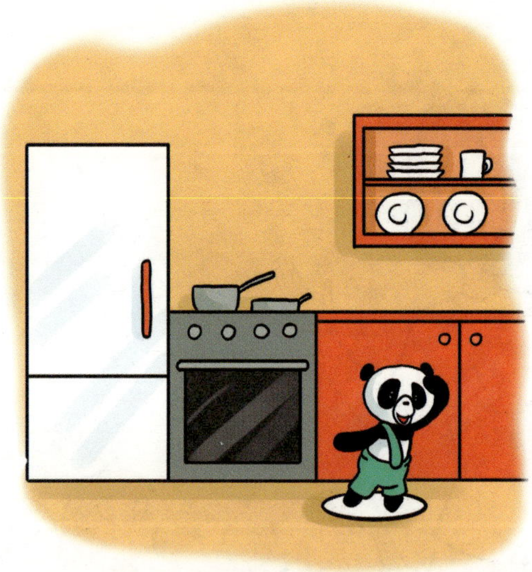

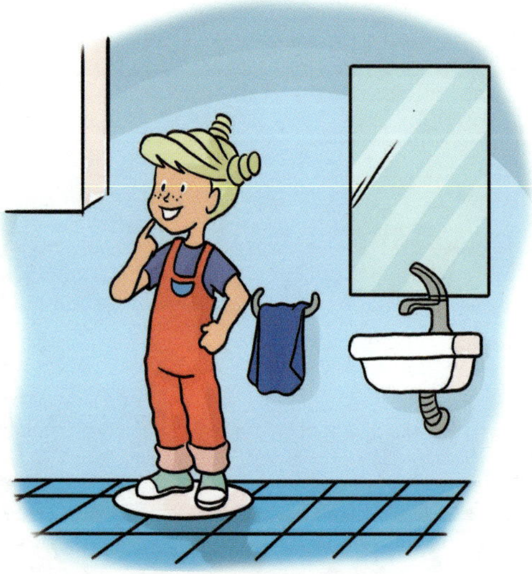

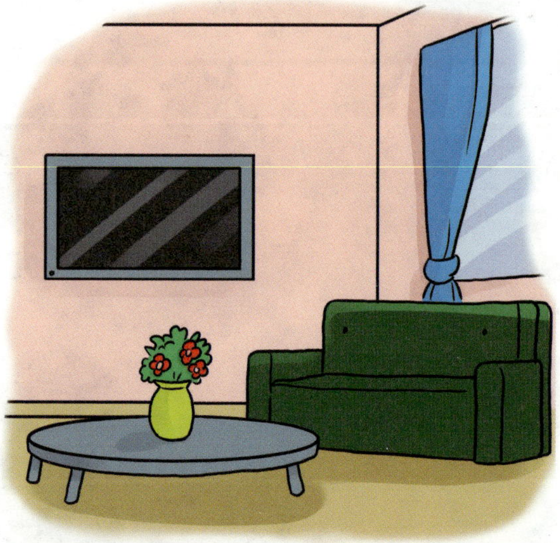

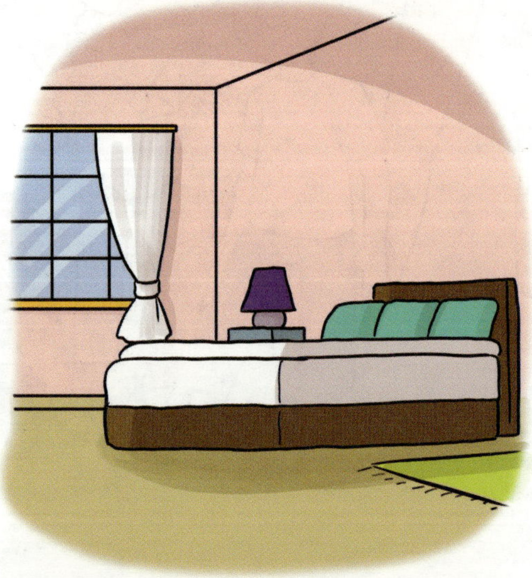

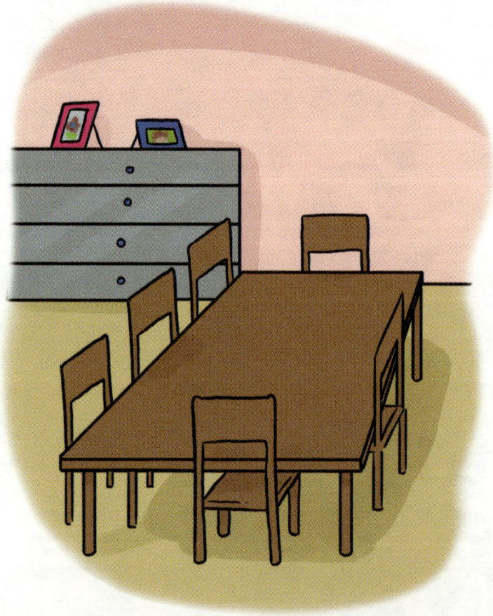

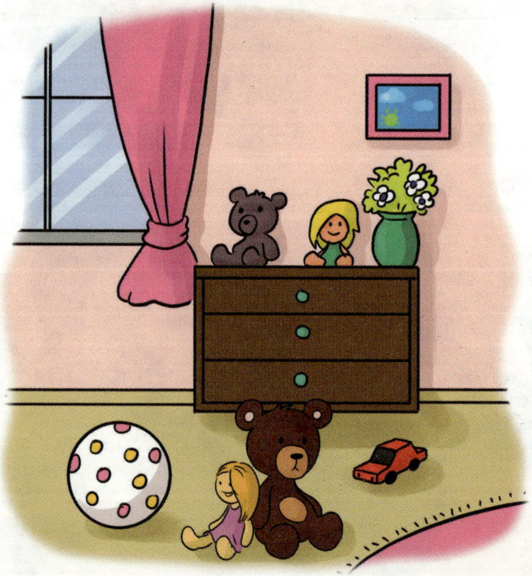

Hör zu und zeige. Sprich.

Hör zu und zeige. Sprich.

Luka sagt ...

Ja-Nein-Stühle

Was ist das?

Hanna, Wohnzimmer

53

Hör zu und zeige. Sprich.

Mein Zimmer

In meinem Haus sind viele Zimmer,
Eine Küche, ein Schlafzimmer,
Ein Wohnzimmer und ein Bad,
Und mein Zimmer? Es ist klein.

Ref.
In meinem Zimmer sind viele Möbel,
Vier Stühle, ein Sessel und ein Tisch.
In meinem Zimmer sind ein Sofa,
Ein Schrank, ein Bett und ein Regal.

Hör zu und sing mit.

 2·8

 2·9

Hör zu und zeige. Sprich.

Hör zu und zeige. Sprich.

Bunte Zimmer

2•10

2·11

Macht es Tim nach.

Macht es mir nach.

Spiel mit.

Spiel mit.

Fliegenklatsche

Hör-Detektive

2·13

Hör zu und zeige. Sprich.

Komm, komm!

Komm, komm! Wir spielen!
Komm, komm! Wir singen!
Komm, komm! Wir tanzen!
Komm, komm! Wir springen!

Ref.
Komm, komm, komm und spiel mit uns!
Wir spielen, singen, tanzen und springen!

Komm, komm! Wir spielen!
Komm, komm! Wir malen!
Komm, komm! Wir basteln!
Komm, komm! Wir kleben!

Ref.
Komm, komm, komm und spiel mit uns!
Wir spielen, malen, basteln und kleben!

2·17

2·18

Hör zu und zeige. Sprich.

Hör zu und zeige. Sprich.

Bunte Zimmer

65

Meine Freizeit

2•19

Hör zu und zeige. Sprich.

Hör zu und zeige. Sprich.

Lebendiges Memory

Schatten

Pantomime

Wer ist hier Dirigent?

Hör zu und zeige. Sprich.

Laufen macht mir Spaß

Laufen, Schwimmen und Rad fahren,
Spielen Ball und Schach,
Schaukeln, Klettern, Drachen fliegen,
Gehen in den Park,
Puzzle legen und Verstecken –
Das macht so viel Spaß.

Ref.
Laufen, Laufen, Laufen macht mir Spaß.
Schaukeln, Schaukeln, Schaukeln macht mir Spaß.
Klettern, Klettern, Klettern macht mir Spaß.
Langeweile? Was ist das?

Singen, Tanzen, Roller fahren,
Spielen Ball und Schach,
Basteln, Malen, Turnen, Schlafen,
Gehen in den Park,
Puzzle legen und Verstecken –
Das macht so viel Spaß.

2•26

2•27

Hör zu und zeige. Sprich.

Hör zu und zeige. Sprich.

Meine Tiere

2·28

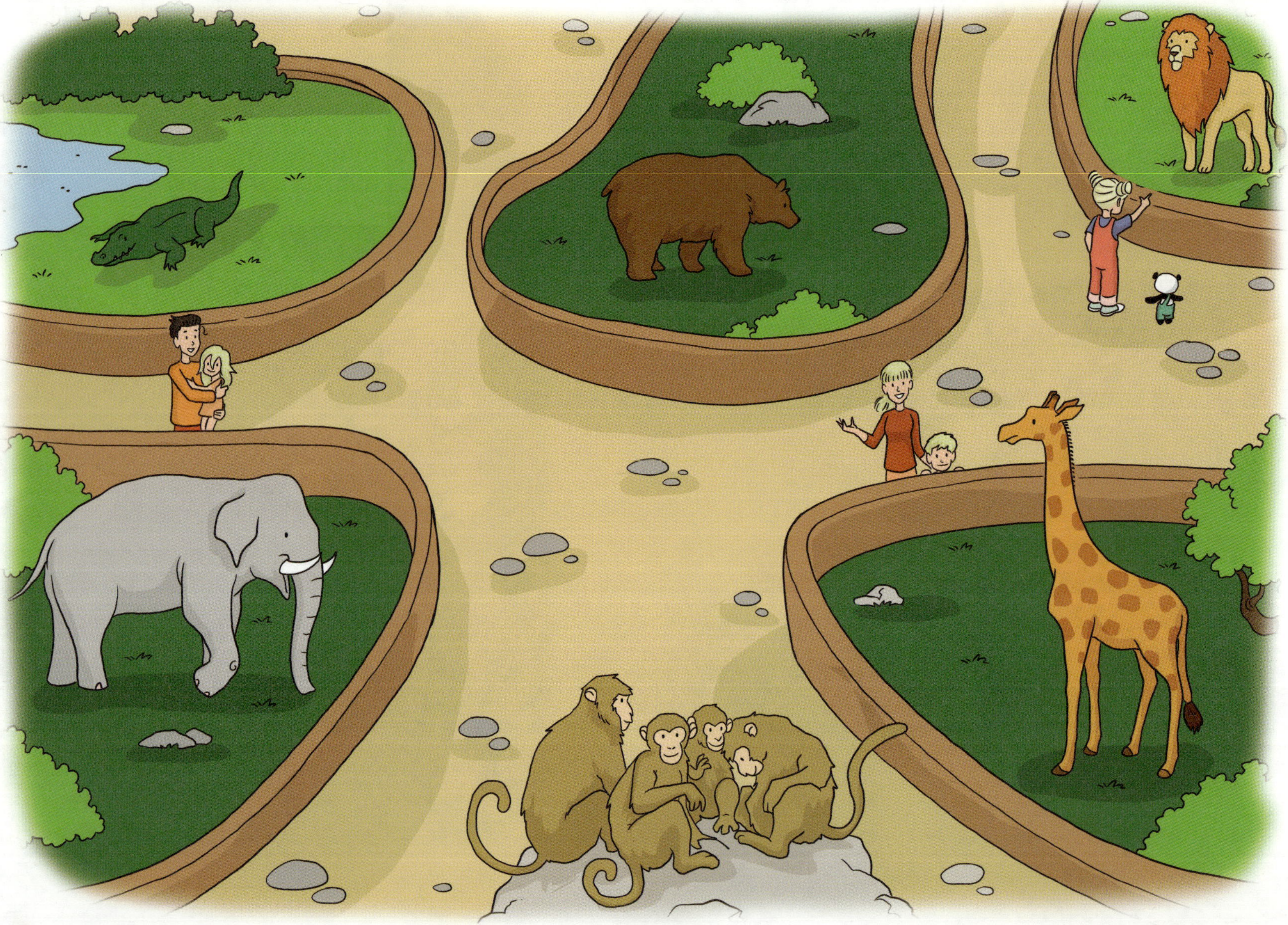

Hör zu und zeige. Sprich.

Hör zu und zeige. Sprich.

Memory

Welches Tier fehlt?

Spiel mit.

Spiel mit.

Ich kenne ein Tier ...

Mäuschen, piep mal!

2·31

Hör zu und zeige. Sprich.

Meine Tiere

Bienen summen – summ, summ, summ.
Hummeln brummen – brumm, brumm, brumm.
So singen die Tiere.
Enten quaken – quak, quak, quak.
Hühner gackern – gack, gack, gack.
So singen die Tiere.

Ref.
Ich liebe alle meine Tiere.
Im Garten habe ich ganz viele.
Ich liebe alle meine Tiere.
Im Garten habe ich ganz viele.

Katzen miauen – miau, miau, miau.
Hunde bellen – wau, wau, wau.
So singen die Tiere.
Mäuse piepsen – piep, piep, piep.
Vögel zwitschern – tswit, tswit, tswit.
So singen die Tiere.

Hör zu und sing mit.

2·35

2·36

Hör zu und zeige. Sprich.

Hör zu und zeige. Sprich.

Finde, zeige und sprich.

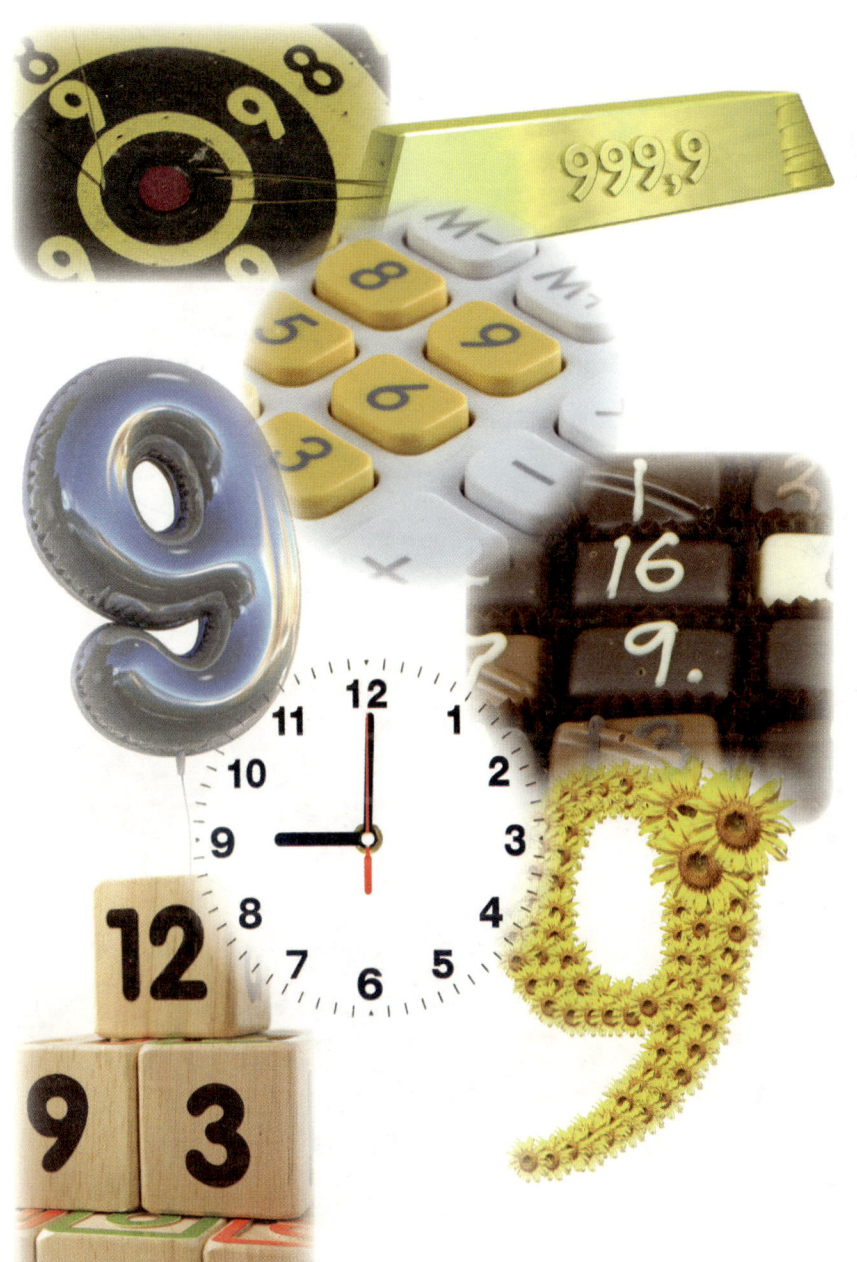

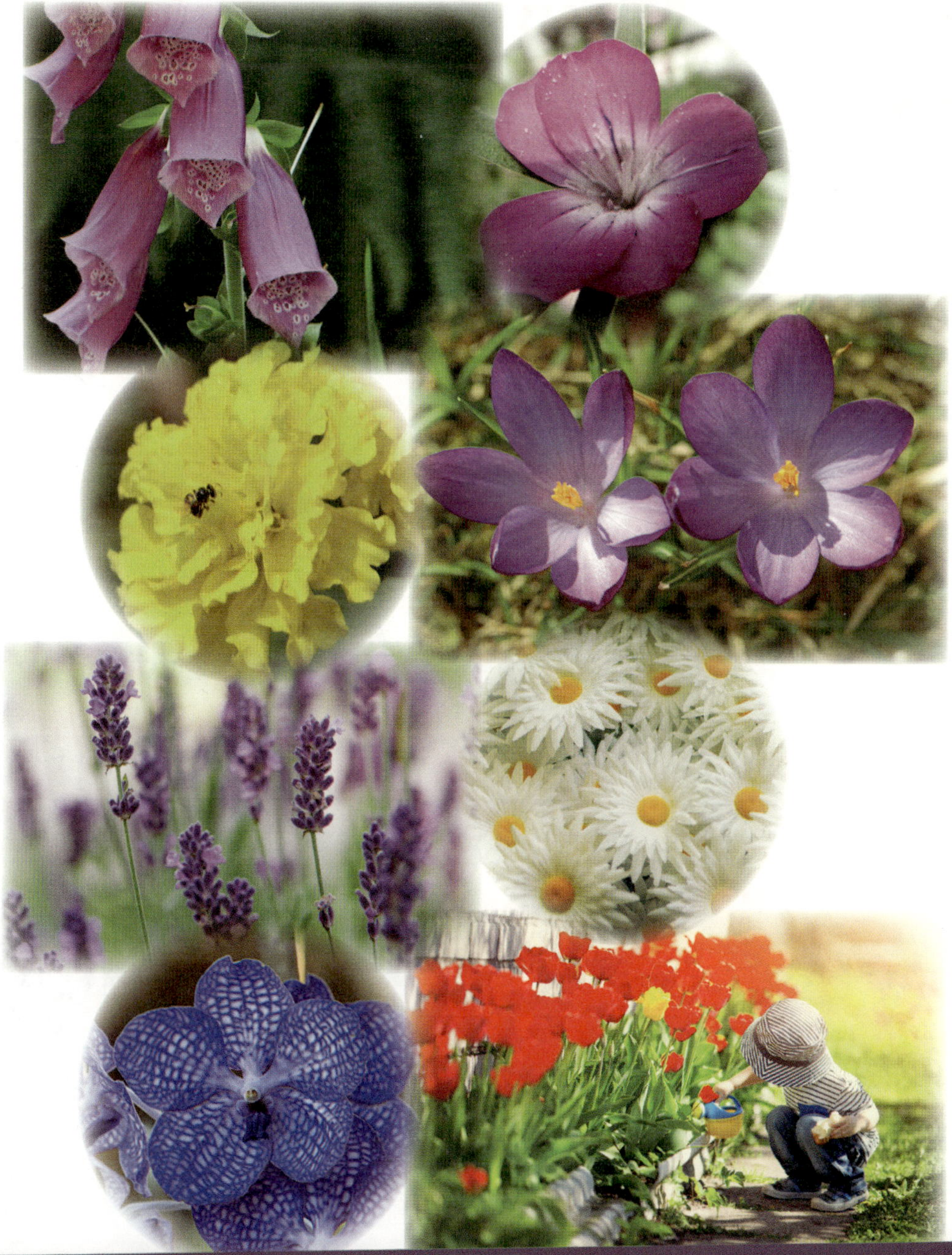

Finde, zeige und sprich.

2·37

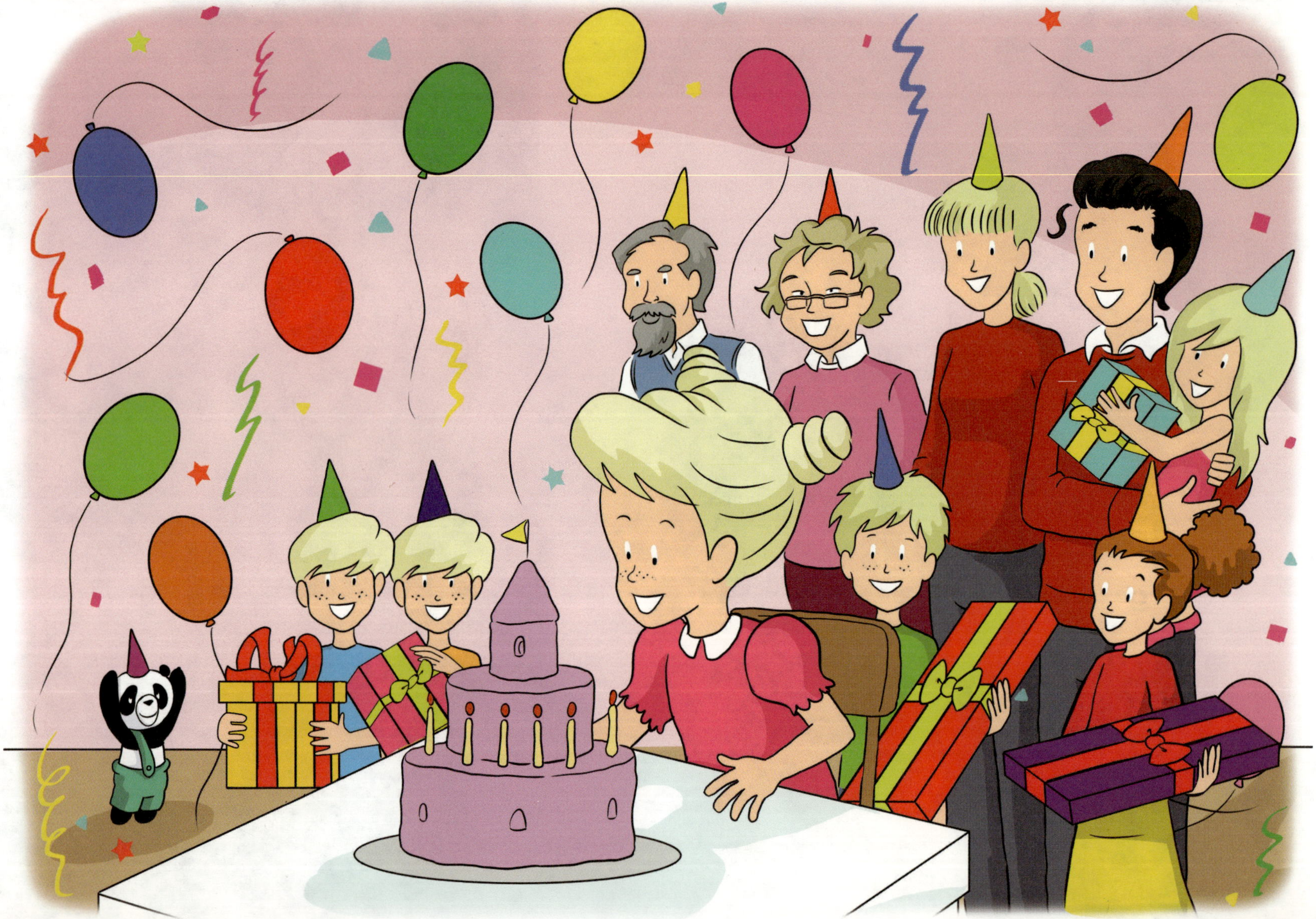

Hör zu und zeige. Sprich.

2•38

Hör zu und zeige. Sprich.

Kinderparty

Wettlauf

Spiel mit.

Spiel mit.

Was ist das?

Geschenke-Tastkiste

2•40

Hör zu und zeige. Sprich.

Heute habe ich Geburtstag

Heute habe ich Geburtstag,
Heute gibt es einen Ball,
Kommen Drachen und Piraten,
Ich verkleide mich als Clown.

Ref.
Heute habe ich Geburtstag,
Heute werde ich schon sechs.
Alle Kinder singen Lieder,
Alle Kinder freuen sich.

Heute habe ich Geburtstag,
Heute gibt es einen Ball,
Kommen Feen und Piloten,
Ich verkleide mich als Clown.

Heute habe ich Geburtstag,
Heute gibt es einen Ball,
Kommen Mäuse, Katzen, Tiger,
Ich verkleide mich als Clown.

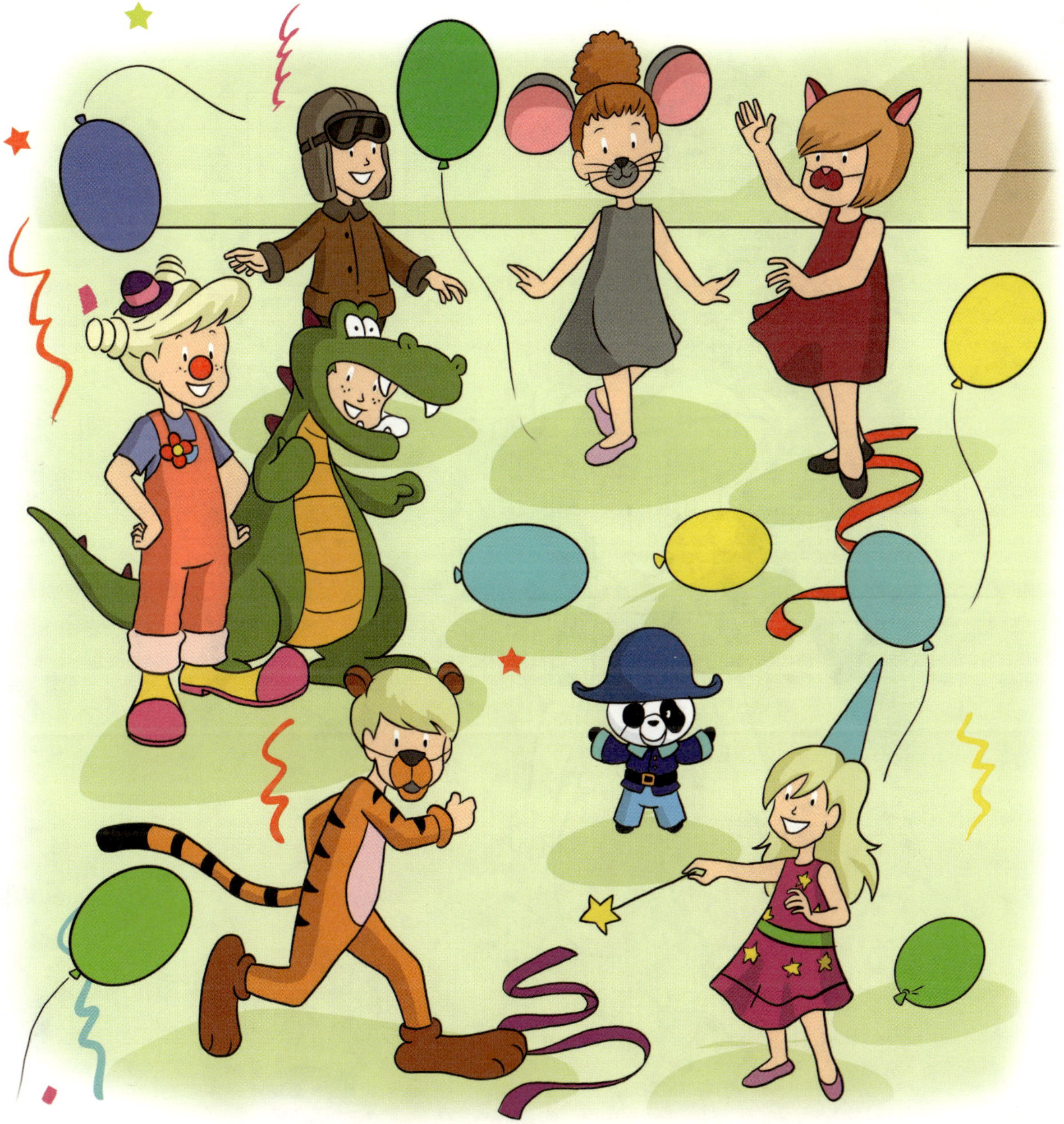

♪♪ 2·44

♪♪ 2·45

Hör zu und zeige. Sprich.

Hör zu und zeige. Sprich.

Hör zu.

Zeugnis

für

....

zum Abschluss des Vorkurses
von Anna, Luka
und

....

(Lehrerin/Lehrer)